NOTICE

SUR

LA MAISON DU BREUL

DE SACCONNEY.

zième siècle. Elle descend, suivant *Guichenon*, de
Jean du Breul, damoiseau, lequel « vivoit en l'an
» 1300, et vesquit jusqu'à l'an 1345, qu'il eut
» différend avec Jean et Girard de Surron, damoi-
» seaux, ses beaux-frères, pour le reste de la dot
» de Catherine de Surron sa femme, qui lui re-
» mirent quelques fonds en payement; du consen-
» tement toutefois de Lambert, sire de Thoire, et
» de Villars, du fief duquel les fonds étoient
» mouvans, en suite de quoi Jean du Breul lui
» en fit hommage au mois de septembre 1345,
» dans le château de Poncin, et c'est à ce titre
» que le sire de Thoire et de Villars qualifie Jean
» du Breul son donzel, c'est-à-dire son gentil-
» homme. Il eut à femme Catherine de Surron,
» fille de Guillermin de Surron, damoiseau, du-
» quel mariage sortirent les enfans suivans. »

Dans le seizième siècle, la maison du Breul
était distinguée à la cour des ducs de Savoie,
souverains de la province de Bugey, et elle possé-
dait plusieurs seigneuries, entre autres celles de
l'*Isle* et de *Montarfier*.

Le 24 avril 1536, *Claude du Breul* fit hommage à François Ier., après la conquête de la
Bresse, des seigneuries de l'Isle et de Montarfier;

il était fils de Philibert du Breul et d'Anne de la
Baulme, et c'est par là que la maison du Breul
est alliée à celle des la Baulme, comte de Montrevel, l'une des plus illustres de la province de la
Bresse [1].

« C'étoit, dit Guichenon (en parlant de Claude
» du Breul), un personnage fort prudent, et qui
» fut employé de son temps en des affaires de
» grande importance. Car Charles, duc de Sa-
» voye, ayant guerre avec les Suisses, voulut exiger
» de la noblesse de Bugey certain nombre de gens
» d'armes entretenus pour son service, et ayant
» fait faire le commandement par le seigneur de
» Grolée, bailly de Bugey ; la noblesse de cette
» province, craignant cette nouvelle introduction,
» et qui ne vouloit pas néanmoins manquer d'affec-
» tion au service de son prince en une nécessité
» si urgente, lui accorda quinze lances ; et afin
» que leur volonté fût expliquée, Claude du Breul,
» seigneur de l'Isle, fut député auprès de son al-

---

[1] Phillibert de la Baulme, deuxième du nom, épousa,
le 6 octobre 1531, Françoise de Damas, fille de François
de Damas, baron de Digoine, seigneur de Clessy. Voyez
Guichenon, pag. 29.

» tesse pour tirer d'elle déclaration par écrit qu'elle
» ne tireroit point à conséquence cette assistance,
» laquelle partoit plutôt de bonne volonté que
» d'obligation, ce que le seigneur de l'Isle fit par
» traité avec le duc au nom de toute la noblesse de
» Bugey. »

Deux lettres écrites à Claude du Breul, baron
de la Bastie, par les ducs de Savoie *Philibert* et
Emmanuel, la première le 25 juillet 1529, et la
seconde le 20 octobre 1534, font assez connaître
de quelle estime il jouissait auprès de ces deux souverains. (*Voyez* ces deux lettres à la fin de la
notice sous les lettres A et B.)

Claude du Breul eut plusieurs enfans, parmi
lesquels les historiens du temps distinguent Bertrand du Breul, nourri et élevé à la cour de Charles,
duc de Savoie, après la conquête de ses états par
François Ier. *Guichenon*, historien de la maison
de Savoie, dans le seizième siècle, s'explique ainsi,
dans son Histoire de Bresse et de Bugey : « Ce duc
» (de Savoye) ayant été contraint de recourir à
» l'empereur Charles-Quint, Bertrand du Breul
» l'accompagna en tous ses voyages de Flandres
» et d'Allemagne. Cette fidélité fut cause que le
» duc l'honora de la charge de conseiller et maître

» ordinaire de sa maison ; et sur l'espérance qu'on
» lui fit concevoir que le roi entendroit à lui resti-
» tuer ses états, son altesse l'envoya ambassadeur
» en France ; il s'acquitta de cette charge avec
» grand honneur, car, lorsqu'il prit congé du roi,
» il laissa sa majesté en résolution de donner au
» duc tout ce qu'il demanderoit, pourvu qu'il vînt
» voir le roi en personne, et qu'il se départît de la
» protection de l'empereur ; mais la mort du duc
» étant survenue, rendit cette négociation sans
» effet. Toutefois, quelques années après, le duc
» Emmanuel-Philibert l'ayant voulu renouer, ren-
» voya le même Bertrand du Breul en France au-
» près du roi Henri II, en qualité d'ambassadeur,
» pour obtenir la restitution de ses états, où à la
» vérité ses soins réussirent si bien, qu'il moyenna
» le mariage de son prince avec Madame, sœur du
» roi, et par ce même moyen obtint la restitution
» de la Savoye et du Piémont. »

Bertrand du Breul épousa Louise de Chastelard, héritière de la maison de ce nom, éteinte par
la mort d'André seigneur de Chastelard, sans lais-
ser d'enfans mâles ; et c'est par ce mariage que la
seigneurie de Chastelard est entrée dans le seizième siècle dans la maison du Breul, Louise de

Chastelard ayant porté cette seigneurie en dot à Bertrand du Breul son mari [1]. La seigneurie de la Bastie-sus-Cerdon, fondée en l'an 1140 par la maison de la Baulme, est entrée, à la même époque, dans la maison du Breul, par l'acquisition qui en fut faite le 11 juin 1547 par Bertrand du Breul [2]. Cette seigneurie a depuis été érigée en baronnie, en faveur de l'un de ses enfans, *Antoine du Breul*, par lettres patentes du 20 décembre 1570, qui sont rapportées dans *Guichenon*, pag. 179, *des preuves* [3]. (*Voyez* ces lettres patentes à la fin de la notice, sous la lettre C.)

[1] Voyez *Guichenon*, Histoire de Bresse et de Bugey; *seconde partie, fondation des abbayes, prieurés, châteaux*, page 36, au mot *Chastelard*

[2] Voyez *Guichenon*, continuation des fondations, etc., au mot *la Bastie-sus-Cerdon*

[3] Philiberte du Breul, fille de Bertrand du Breul, fut mariée à Philibert de Pingon, conseiller d'état et grand référendaire de Savoie, et premier garde des sceaux d'Emmanuel-Philibert et de Charles-Emmanuel, ducs de Savoie. De ce mariage est issue, Philiberte de Pingon épouse de Louis, comte de Sales, seigneur de la Tuyle en Génevois, père et mère de Charles-Auguste de Sales, év⸱   et prince de Genève.

« Cettui-cy (dit Guichenon) ne céda rien à
» Bertrand du Breul, son père, soit en affection,
» soit en services pour la maison de Savoye. Le
» 14 septembre 1572, le duc de Savoye, ne pou-
» vant assez reconnoître sa vertu, l'honora de la
» charge de son conseiller et son premier maistre-
» d'hôtel, de laquelle il s'acquitta si dignement
» et avec tant de satisfaction de son prince et de
» toute sa cour, qu'après lui, tous ceux qui lui
» ont succédé, ont été contraints de lui céder,
» non-seulement la gloire de les avoir précédés,
» mais d'avoir mieux servi qu'eux. En cette qua-
» lité, il fut envoyé à Cève, de la part du duc de
» Savoye, faire compliment au cardinal d'Aus-
» triche, qui passoit en Piémont pour aller à
» Milan. Ce même prince, pour accroître ses
» honneurs, étant à Chambéry le 6 septem-
» bre 1589, le fit son conseiller ordinaire et son
» conseiller d'état, et commissaire général de ses
» guerres de çà les monts; et portent les provi-
» sions, que c'est pour le récompenser de ses
» grands services et notables assistances qu'il avoit
» rendus à son altesse en la guerre de Provence,
» aux siéges de Briqueras, Cavours et d'Essiles,
» même d'avoir descouvert des desseins qu'on

» avoit eus sur sa personne. La grande dépense
» en laquelle ces charges et emplois engagèrent
» Antoine du Breul, l'obligèrent à vendre plutôt
» que d'acquérir; et, bien que tous les courtisans
» de la cour de Savoye de son temps se fussent
» aggrandis en biens, lui seul eut beaucoup de
» peine à conserver son patrimoine, ayant
» plutôt butté à acquérir de l'honneur que des
» biens. Il eut à femme Claire Grimaldi, fille de
» Jacques Grimaldi, patrice de Gênes, comte de
» Sampierro-in-Arena, et d'Argentine de Spi-
» nola : lequel Jacques Grimaldi étoit fils de
» George-Olive Grimaldi et de Nicolette Doria.
» Ce mariage fut célébré à Turin le 29 avril
» 1571, auquel assistèrent Nicolas Grimaldi,
» chevalier de l'Ordre de Saint-Jean de Jérusa-
» lem, commandeur de Sain et Leon; et Bap-
» tiste Grimaldi, duc de Terre-Neuve, son cou-
» sin, qui fit le paiement de la dot. » (*Voyez*, à la
fin de la notice, sous les lettres D et E, deux
lettres adressées à Antoine du Breul : la première, par l'infante d'Autriche, *dona Catharina,
duchesse de Savoie*, le 20 décembre 1591; la
seconde, par le duc de Savoie, le 28 octobre
1599.)

Bertrand du Breul, second du nom, fils puîné d'Antoine, maintint la haute considération dont jouissait sa maison. On laissera parler *Guichenon*, son contemporain. « Bertrand du Breul, deuxième » du nom, baron de la Bastie et seigneur du Chas- » telard. Quoiqu'il fût le puîné, néanmoins An- » toine du Breul, son père, lui laissa la meilleure » partie des biens de sa maison. Il a le jugement » si bon et une si grande expérience aux affaires, » qu'il a toujours été l'arbitre des gentilshommes. » D'où vient qu'en l'an 1621, étant survenues de » notables traverses à la noblesse de Bugey, il » fut député, avec le comte de Grolée et le sei- » gneur de Peysieu, pour y remédier, et avoir » l'entière direction des affaires de ce corps-là ; » et pour les affaires de la noblesse de la Bresse, » il a aussi été souvent député à la cour. »

Bertrand du Breul, deuxième du nom, a eu pour fils Claude du Breul, aussi second du nom, page d'honneur de Charles-Emmanuel, duc de Savoie.

Antoine du Breul a eu de son mariage avec Claire de Grimaldi, indépendamment de Ber- trand du Breul, second du nom, dont on a déjà parlé, deux autres fils ; savoir : Claude du Breul, aussi second du nom, chevalier de l'ordre de Saint-Maurice et de Saint-Lazare, en l'année 1600 [1], et Bérald du Breul.

Claude du Breul, second du nom, a épousé, le 5 avril 1614, mademoiselle Marie de Laborde, fille du seigneur du Châtelet. De ce mariage est issu Bérald du Breul, second du nom, qui fut, comme son père, chevalier de l'ordre de Saint-Maurice et de Saint-Lazare, capitaine au régiment d'infanterie de Monseigneur le Prince. Dans son contrat de mariage avec mademoiselle Émerantiane de Moyria, du 18 décembre 1649, il prend le titre de seigneur de Sacconnet [2].

Il est, à ce qu'il paraît, le premier de sa maison qui est entré au service de France, depuis que la Bresse et le Bugey avient été détachés de la Savoie,

---

[1] On rapporte les preuves de noblesse qui furent faites par Claude du Breul, pour sa réception dans cet ordre en date du 4 mai 1600. (*Voyez* ces preuves à la fin de la notice, lettre F.)

[2] On apprend par *Guichenon* (pag. 56), que deux filles de Claude du Breul, Antoinette et Anne, ont épousé, la première, Anne de Sacconnet, seigneur d'Ogny et d'Albeterre, en 1516; et la seconde, Marie de Sacconnet, seigneur d'Ogny et d'Albeterre en Savoie.

pour être réunis à la France, par le traité de paix de Lyon, de l'année 1601. On conçoit aisément que les gentilshommes de cette maison, qui avaient occupé un rang aussi élevé à la cour des ducs de Savoie, et qui avaient servi ces souverains pendant plusieurs générations dans les emplois de la plus haute confiance, aient hésité quelque temps à servir en France comme de simples gentilshommes. D'ailleurs, les guerres civiles, pendant la minorité de Louis XIII, ne pouvaient qu'éloigner de la carrière des armes la noblesse d'une province nouvellement réunie à la France, et étrangère aux intrigues de la cour.

Son frère, André du Breul, fut, à la même époque, capitaine au régiment d'Enghien.

Lorsque sous le règne de Louis XIV il fut ordonné que tous les gentilhommes produiraient leurs titres de noblesse pour être vérifiés et confirmés par un commissaire délégué par le Roi; ceux de la maison du Breul le furent solennellement par une ordonnance du sieur Bouchu, maître des requêtes, du 13 août 1669. (*Voyez* cette ordonnance, à la fin de la notice, sous la lettre G.)

Bérald du Breul a eu de son mariage avec

Émerantiane de Moyria trois enfans; savoir : Joseph, l'aîné; Louis-Marie, et Claude du Breul.

On voit, par une note manuscrite à la fin de la généalogie de la maison du Breul, de *d'Hozier*, généalogiste de France, sur un exemplaire de Guichenon, provenant de son cabinet, et qui se trouve à la Bibliothéque du Roi à Paris, que l'un de ces gentilshommes était commandant du deuxième bataillon du régiment de Forez, et est mort en l'année 1707, à la suite des blessures qu'il avait reçues au siége de Tournai; et qu'un autre était, en 1709, lieutenant dans le même régiment.

Messire Joseph du Breul de Sacconney, premier du nom, l'aîné des trois enfans de Bérald du Breul et d'Émerantiane de Moyria, a épousé Jacqueline de Nicole, duquel mariage est issu messire Joseph du Breul de Sacconney, second du nom, lieutenant des grenadiers au régiment de Vivarais, qui s'est marié, le 28 mars 1719, avec mademoiselle Claudine-Marguerite des Crues de Chiloup.

De ce mariage sont nés messires Pierre-François du Breul des Crues, comte, seigneur de Sainte-Croix, Taney et autres places, l'aîné, marié le

20 mai 1744 avec dame Anne-Charlotte-Michel de Villars; il est la tige de la branche des du Breul de Sainte-Croix [1]; et le puîné, *Humbert-Marie du Breul de Sacconney*, seigneur de l'Isle et du Villars, capitaine au régiment de Languedoc, infanterie, marié à Bernardine de *Menthon*, de la maison de *Menthon*, « qui est, dit *Guichenon*, » sans controverse, l'une des plus illustres et des » plus anciennes de Savoye et de Génevois.

» Tous ceux qui ont écrit la vie de saint Ber- » nard, chanoine d'Aouste, fondateur de l'hôpital » du mont Saint-Bernard, vivant en l'année 1120, » disent qu'il étoit de la maison de Menthon, fils » de Richard, seigneur de Menthon, et de Ber- » lione de Duyn. » (Voyez *Guichenon*, *Histoire de Bresse et de Bugey, troisième partie, contenant les généalogies des familles nobles de Bresse et de Bugey*, page 250.)

De ce mariage sont nés plusieurs enfans, entre autres : M. Paul-Marie-François du Breul comte de Sacconney, né le 8 avril 1771, aujourd'hui vivant,

---

[1] Il a péri dans la révolution, à la suite du siége de Lyon, où il commandait, à l'âge de soixante-douze ans, une batterie à la Croix-Rousse.

marié à mademoiselle *Étiennette-Élisabeth-Justine*, fille de M. François-Jérôme *Duraquet Delorme*, écuyer, seigneur de Montay, Moisenans, Serley et autres lieux, commissaire alcade de la noblesse de Bourgogne.

Les enfans mâles, issus de ce dernier mariage, sont : 1°. le vicomte Adolphe du Breul, sous-lieutenant au 17°. régiment d'infanterie de ligne; 2°. le chevalier Adrien du Breul, élève du roi au collège royal de Besançon.

Observations.

Il résulte, des actes authentiques rapportés par Guichenon, et des actes de la maison *du Breul* de Sacconey, également authentiques, postérieurs à l'année 1650, époque à laquelle Guichenon a publié son Histoire de Bresse et de Bugey, et qui vont jusqu'à ce jour, tels que des contrats de mariage, des testamens, des actes de naissance et de décès, et des preuves de noblesse faites en l'année 1752, par mademoiselle Louise-Gabriel du Breul, fille de M. du Breul, comte de Sainte-Croix, pour entrer dans le chapitre noble de Neuville, que cette maison rapporte des preuves de sa noblesse des deux côtés paternel et maternel, jusqu'au treizième siècle, remontant à Jean du Breul, qui vivait en l'an 1300, et est mort en 1345 ; que cette maison fut, dans le seizième siècle, à la tête de la noblesse de Bugey ; qu'elle jeta un grand éclat à la cour des ducs de Savoye, sous les règnes de Charles III, d'Emmanuel-Philibert et de Charles-Emmanuel ; que Claude du Breul, Bertrand du Breul et Antoine du Breul, furent des personnages très-distingués par leur mérite ; et, ce qui suffirait seul pour leur éloge, c'est l'estime que firent d'eux les plus grands souverains qui aient porté la couronne de Savoie ; savoir : Emmanuel-Philibert, qui, au jugement des historiens, fut un grand capitaine et le plus sage politique de son temps ; et Charles-Emmanuel, dont aucun prince de Savoie ne porta si haut l'éclat de sa maison, les intérêts de son état et la gloire de sa réputation, ni le bruit de ses armes. Il est à remarquer que ce fut sous ces deux grands souverains que la maison du Breul fut employée, tant dans les conseils des ducs de Savoie que dans les ambassades et dans les armées.

Que la haute considération dont jouissait la maison du Breul, tant dans la province de Bresse et de Bugey qu'à la cour des ducs de Savoie, se prouve par les alliances qu'ils ont faites avec les plus nobles et les plus anciennes maisons de la Bresse et de la Savoie, et de Gênes, parmi lesquelles on rappellera les suivantes : celles de Philibert du Breul avec Anne de la Baulme, de la maison des comtes de la Baulme de Montrevel ; d'Antoine du Breul avec Claire Grimaldi, fille du patrice de Gênes, maison d'où sont sortis les princes de Monaco et les ducs de Valentinois ; et de Humbert Marie du Breul avec Bernardine de Menthon, de l'illustre maison de Menthon.

Que pendant près de trois cents ans, les chefs de cette maison ont été à la tête de la noblesse de la province, et ont été députés à la cour pour défendre ses droits et ses priviléges : ce qu'ils ont fait avec autant de zèle que de talent.

La haute considération dont jouissait depuis long-temps la maison du Breul, est encore prouvée, indépendamment de ses nobles et illustres alliances, par les dignités dont elle a été revêtue dans l'état ecclésiastique. Elle peut citer Pierre du Breul, enfant de Hugonin du Breul et de Guyonne de Chatard, grand-prieur de Saint-Claude, en 1476 ; François du Breul, fils de Philibert du Breul et de Anne

de la Baulme, prieur et seigneur de Nantua en
1537; Marie du Breul, fille de Bertrand du Breul
et de Louise de Chastelard, religieuse à Neuville,
et ensuite prieure de Blaye en 1585; et Louise du
Breul, fille de Antoine du Breul et de Claire de
Grimaldi, supérieure de Sainte-Ursule, à Bourg;
enfin, plusieurs demoiselles du Breul, notamment les filles de M. le comte du Breul de
Sainte-Croix, reçues chanoinesses du noble chapitre de Neuville en 1752.

Si cette maison n'a pas eu dans le dix-septième
siècle le même lustre que dans le siècle précédent,
on en trouve la cause dans la séparation de la
Bresse et du Bugey de la Savoie, par le traité de
Lyon de l'année 1601. Cependant, depuis Bérald
du Breul, qui a été capitaine dans le régiment de
monseigneur le prince de Conti, quelque temps
après la réunion à la France de la Bresse et du
Bugey, tous les gentilshommes de cette maison
ont continué de suivre en France, avec distinction,
la carrière des armes, jusqu'à l'époque de la révolution, où deux des enfans de Humbert du Breul,
ancien capitaine au régiment de Languedoc infanterie, et ayant fait toutes les guerres de Hanovre,
nt officiers; l'aîné dans le régiment de la

vieille marine ; et un puîné, M. Marie-Bernard du Breul, dans un régiment de chasseurs ; il a fait la guerre dans l'armée des princes au commencement de la révolution, et est mort, dans un âge peu avancé, des suites des blessures qu'il avait reçues en servant dans le corps des chasseurs nobles de l'armée de Condé. Une chose remarquable dans cette maison, c'est que, depuis l'an 1300, toutes ses alliances ont été avec des maisons nobles et les plus honorables des provinces de Bresse et de Bugey.

PIÈCES JUSTIFICATIVES.

(A.)

Lettre du duc de Savoie, du 25 juillet 1529, adressée à M. cher, bien-aimé et féal le baron de la Bastie du Breul.

LE DUC DE SAVOIE.

Cher, bien-aimé et féal, étant sur le point de partir pour passer de delà les monts, et aller voir la reine, mère du roi, en Dauphiné, nous vous avons voulu dire, par cette, que vous nous ferez chose très-agréable de vous tenir prêt pour nous y accompagner à temps. Dieu vous ait en sa garde. De Turin, ce 25 juillet 1529. *Signé* PHILIBERT, et plus bas DEBEL.

(B.)

Lettre du duc de Savoie, adressée à M. très-cher, bien-aimé et féal conseiller et maître-d'hôtel, le baron du Breul; de Turin, le 20 octobre 1534.

LE DUC DE SAVOIE.

Très-cher, bien-aimé et féal conseiller; nous vous écrivîmes peu après la conclusion de notre mariage, que nous avons fait élection de votre personne pour nous accompagner à nos noces, et vous donnâmes aussi quelques particuliers avis touchant les habillemens de votre personne et de votre livrée, et que nous ferions entendre plus particulièrement le temps auquel nous nous acheminerions à notre voyage; à quoi, satisfaisant par cette, nous vous dirons que nous espérons, à la fin du mois ou au commencement du prochain, nous mettre en chemin pour aller à Nice, et là nous embarquer pour passer en Espagne, environ le vingtième ou sur la fin du prochain mois de novembre; vous nous ferez plaisir très-agréable de vous trouver ici ou audit lieu de Nice au temps susdit. Pour votre personne, vous vous pourvoirez de deux habillemens, l'un à la marinière pour porter en galère, de couleur violet, blanc et jaune : mais que l'un soit violet de l'étoffe que vous voudrez, et un tout blanc pour le jour des noces, excepté la cape et le bonnet; les autres noirs à votre plaisir, et sera bon que vous les fassiez faire ici pour suivre la façon des autres, nous remettant, quant à la livrée, à ce que nous vous écrivîmes par nos précédentes. Laquelle, avec vos serviteurs, vous donnera ordre de venir à Nice à votre retour; et d'autant que de-là ledit embarquement qui se fera à Barcelonne nous irons par la poste jusqu'à Sarragosse; là où se trouveront Sa Majesté, le prince son fils, et les infantes ses filles; pour faire les noces nous vous ferons donner l'habillement et coissinet pour courre et pour porter, vous avertissant que vous n'aurez à conduire avec vous en Espagne qu'un serviteur, lequel vous élirez de belle prestance, modeste, et surtout qu'il ne soit blasphémateur; vous lui pourvoirez d'un habillement noir honorable à la façon d'Espagne; qui, quant à ce qu'il portera pour la poste, nous le lui donnerons, et pour votre bagage, vous n'y porterez que deux malles tant seulement, et par ce n'y ferez autre provision ; et tant notre Seigneur vous aie en sa garde. De Turin, ce 20 octobre 1534. *Signé* C. Emmanuel, et plus bas la Cresse ; et plus bas : Au baron du Breul.

(C.)

Érection de la seigneurie de la Bastie en baronnie.

Emmanuel-Philibert, par la grâce de Dieu duc de Savoie, Chablais, Aouste et Génevois, prince et vicaire perpétuel du sainct empire romain, marquis en Italie, prince de Piémont, comte de Genève, de Baugé, Romont, Nice et Ast, baron de Vaud, Gex et Faucigny, seigneur de Bresse, de Vercel, et du marquisat de Cève, etc. ; A tous présens et à venir, *salut*. Comme ce soit œuvre louable et digne de grands princes, favoriser, promouvoir, élever et exalter en honneurs et dignités ceux qui, par leurs vertus, l'ont mérité : et tant plus ceux qui y correspondent par leurs généreuses actions, et qui ont exposé et exposent leurs biens et vies pour notre service, à ce qu'eux et leurs successeurs resplendissent en honneurs et décorations, dont il soit à jamais perpétuelle mémoire, et exemple à tous autres de faire le semblable à leur imitation : ce qu'avons toujours observé et voulu faire envers ceux qui s'en sont rendus dignes par leurs notables et remarquables services, comme a fait notre très-cher, bien-aimé et féal Antoine du Breul, escuyer, gentilhomme ordinaire de notre chambre, seigneur de la Bastie, Chenavel, l'Isle, le Barrioz, Chavagna et Langes en notre pays de Bugey, et du Chastelard en notre pays de Bresse. Sçavoir faisons que, bien records des bons et notables services que ledit du Breul nous a faits plusieurs années, tant au fait des guerres estant nous lors aux Pays-Bas que autrement, en plusieurs manières, fait et continue chaque jour, avec une grande démonstration de la singulière affection et devotion qu'il a au bien de notre service, ce que voulant reconnoître, non-seulement envers lui, mais aussi envers sa postérité, par accroissement et décoration de son nom et seigneurie, ayant été duement certifié que son chasteau et seigneurie de la Bastie, situé en nostre dit pays de Bugey, est noble et de bonne valeur et revenu, avec laquelle si lesdits lieux de Chenavel, l'Isle, le Barrioz, Chavagna et Langes, estoient joints et unys, ils seroient de très-suffisant revenu pour entretenir l'estat de baron. Pour ces causes et autres bonnes considérations à ce nous mouvans, ayant esgard aux moyens que ledit du Breul a de magnifiquement entretenir et honorablement soutenir le rang de baron, inclinans libéralement à sa très-humble requête, avons de notre certaine science, propre mouvement, pleine puissance et authorité souveraine, uny et incorporé, unissons et incorporons lesdits lieux de Chenavel, l'Isle, le Barrioz, Chavagna et Langes, à ladite seigneurie de la Bastie, laquelle avons créée et érigée, créons, élevons et érigeons par ces présentes en titre, nom et prééminence de baronnie, pour ledit du Breul, ses hoirs, successeurs en jouir et user pleinement, paisiblement et perpétuellement, sous le nom, titre, qualité et appellation de baron de la Bastie du Breul. Voulons que lui et les siens susdits soyent tenus, censés, réputés et appelés barons de la Bastie du Breul, jouissent et usent dudit titre et d'icelle baronnie, avec pareils et tels droits de noblesse, authorités, priviléges, prérogatives et prééminences, tant en faits et actes de guerre, assemblées des nobles qu'autrement, comme font, jouissent et usent, et ont accoustumé jouir et user les autres barons de nos pays et états; laquelle baronnie susdite du Breul ayant érigée avec ses appartenances et dépendances sus-unies, avons d'abondant de nostre dite certaine science, pour les causes et considérations susdites, inféodée et inféodons par ces dites présentes, pour nous et les nostres, à perpétuité audit baron de la Bastie du Breul, lequel et ses successeurs tiendront et reconnoistront de nous ladite baronnie de la Bastie du Breul avec ses appartenances et dépendances, en titre de barons, à cause de nostre duché de Savoie; et partant voulons que tous les vassaux et autres tenans quelque chose noblement, et roturièrement de ladite baronnie de la Bastie du Breul et ses dépendances sus-unies, quand feront à l'advenir leurs hommages; et bailleront leurs adveus, denombremens et déclarations comme ils estoyent tenus, et accoutumés les bailler cy-devant, les fassent et baillent audit du Breul et à ses successeurs au nom des barons dudit lieu de la Bastie du Breul, et ensemble tous leurs actes et reconnoissances, les reputans, tenans et honorans, et appelans barons d'icelui lieu : voulons en outre, et nous plaist que pour l'exercice de la justice et jurisdiction de la dite baronnie de la Bastie du Breul, ses appartenances et dépendances susdites, ledit du Breul et ses successeurs barons, puissent ordonner, mettre, instituer et establir tous officiers et offices comme à ce peut et doit appartenir : ainsi qu'il a esté cy-devant accoustumé et pratiqué par les autres barons de nos pays et estats. *Si donnons* en mandement par ces présentes, etc. En tesmoin de quoy avons à ces dites présentes, signées de nostre main, fait mettre notre grand scel à cheval. Donné à Turin, ce 20 décembre 1570,

Signé, PHILIBERT.

(D.)

Lettre de l'Infante dona Catharina, adressée à notre cher, aimé et féal conseiller le baron de l'Isle et de la Bastie, maître-d'hôtel du duc Monseigneur, le 20 décembre 1591.

L'INFANTE DONA CATHARINA D'AUTRICHE, DUCHESSE DE SAVOIE.

Très-cher, bien-aimé et féal conseiller, nous avons reçu la vôtre du 17 du présent, et entendu avec extrême regret l'état auquel est réduit notre pauvre peuple de delà, pour le soulagement duquel nous mettrons toute la peine qu'il nous sera possible, attendant que Monseigneur, par sa présence, y puisse apporter le remède dont ils ont besoin, et que nous espérons que sera bientôt, Dieu aidant, lequel nous prions vous avoir en sa garde.

De Turin, le 20 décembre 1591. *Signé*, LA INFANTA DONA CATHARINA; et plus bas, NESA au baron DE L'ISLE.

(E.)

Missive adressée par le duc de Savoie à notre cher, bien-aimé et féal conseiller et chambellan, maître-d'hôtel ordinaire, maréchal de nos guerres, le baron de l'Isle; du vingt-huit octobre 1599.

LE DUC DE SAVOIE.

Très-cher, bien-aimé et féal conseiller d'état et chambellan, vous êtes assez averti de l'estime que nous faisons du capitaine de Migieu et du mérite de ses services continués à la suite de notre personne de beaucoup d'années en çà, et combien de nous est serviteur; agréable toutes ces considérations nous vous représentons principalement:

Lui faire observer l'ordre et la paie-morte de quinze écus le mois que nous lui avons accordés, et le faire payer à la forme d'icelle, selon qu'est notre intention, en façon qu'il n'ait occasion de plus recourir à nous; et de ce nous vous en chargeons très-expressément d'y tenir main, entant nous désirer nous obéir, priant à tous le Créateur vous avoir à sainte garde. A Chambéry, le vingt-huit octobre 1599. *Signé* EMMANUEL, et plus bas BOURDIEU; et au bas : Au baron DE L'ISLE.

(F.)

Du quatrième jour du mois de mai mil six cent.

En obéissance du commandement verbal de son altesse, à nous envoyé, à requête de noble Claude du Breul, suppliant être reçu chevalier en la religion des saints Maurice et Lazare, de procéder à l'information des preuves de sa noblesse et origine d'icelle; nous ayant, à ces fins, ledit

noble Claude du Breul présenté les témoins suivans, avons procédé comme il s'ensuit :

Noble seigneur Louis de Moyra, seigneur de
Meillat et de Douvres, grand-veneur de Savoie,
d'environ trente-deux ans, natif dudit Meillat,
témoin produit de la part dudit sieur du Breul,
après avoir prêté le serment, et lecture à lui faite
des articles et faits sur lesquels doit déposer.

A dit connoître ledit noble Claude du Breul,
gentilhomme apte, et propre pour être employé
en quelque bonne et honorable charge, tant par
la disposition de sa personne que capacité d'en-
tendement, lequel il sait être fils procréé de légitime et loyal mariage du seigneur Antoine du
Breul, baron et seigneur de la Bastie, conseiller
d'état et maître-d'hôtel de son altesse, et son
commissaire général des guerres deçà les monts,
et de dame Claire de Grimaldi, de Gênes ; et que
ledit seigneur, baron de l'Isle, étoit fils de feu
noble seigneur Bertrand du Breul, gentilhomme
de toute ancienneté et noblesse, et de dame
Louise du Chastelard, en Bresse, maison et famille très-noble, de laquelle les armoiries sont un
chevron rompu, avec trois croissans d'argent en
champ d'azur ; non que le seigneur déposant ait

jamais vu le feu noble Bertrand du Breul, mais
avoir toujours ouï-dire, et renommer à ses prédécesseurs, que ledit seigneur Bertrand du Breul,
et tous ses ancêtres, étoient, comme ils sont de
present, gentilshommes de toute ancienneté, ayant
vu leurs armoiries sur le blason, desquelles il n'a
autrement jeté soins, ni fait considération ; bien
dit que, les voyant, il les reconnoîtrait, disant
que de la race susdite du Breul n'a jamais qu'il ait
vu, ni su, entendu, ni ouï-dire qu'ils soient descendus de juifs, ni hérétiques, ni qu'ils aient, ni
ledit noble Claude, oncques perpétré homicides,
ni acte, quel qu'il soit, qui puisse dégénérer ;
et, quant au fait de la susdite dame Claire de Grimaldi, ne savoir que par ouï-dire, et ainsi l'avoir
d'un chacun généralement entendu, principalement des plus grands et apparens seigneurs, que
ladite dame Claire est de la maison de Grimaldi,
de Gênes, maison et race très-illustres en la ré-
publique et état dudit Gênes, n'ayant toutefois
nulle connoissance de ses armoiries, jaçoit qu'il
les aie par plusieurs fois vues, bien affirmé être
armoiries illustres, lesquelles il reconnoîtrait en
serment s'il les voyoit ; disant en outre que ledit
seigneur Bertrand, aïeul dudit seigneur Claude,

étoit fils de feue dame Jeanne de Malins de Lus,
race et maison de toute ancienneté et noblesse,
ainsi qu'il a toujours ouï-dire à ses prédécesseurs,
ores qu'il ne se ressouvienne quelles armoiries
porte ladite maison de Lus ; qu'est tout ce qu'il
dit savoir sur le contenu desdits articles ; sur les
généraux a pertinemment répondu, répété, a
persévéré, et a signé. (Signé à l'original) DE
MOYRIA, DE LAGUILLE et BOCHARD *Scribe.*

Noble seigneur, Marie Goyet de Copponay,
âgé de soixante-cinq ans, témoin produit de la
part dudit noble seigneur Claude du Breul, lequel, après le serment qu'il a prêté et lecture à
lui sur ce faite des articles apposés au pied de
notre commission,

A dit connoître ledit noble Claude du Breul,
gentilhomme apte et propre pour être employé
en quelque bonne et honorable charge, tant pour
la disposition de sa personne que capacité d'en-
tendement ; qu'il sait être fils procréé de légitime
et loyal mariage du seigneur Antoine du Breul,
baron et seigneur de la Bastie, conseiller d'état et
maître-d'hôtel de son altesse et son commissaire

général des guerres de çà les monts, et de dame
Claire de Grimaldi de Gênes, et que ledit seigneur, baron de l'Isle, étoit fils en loyal mariage
de feu noble Bertrand du Breul, gentilhomme
d'ancienne race, et de dame Louise du Chastelard
en Bresse, femme du susdit seigneur Bertrand,
duquel les armoiries sont : deux aigles d'azur
écartelées, couronnées et membrées d'argent sur
un champ d'or et trois barres de gueules, dessous
les aigles, deux griffons de gueules sur le même
champ d'or et membres de sable; et les armoiries
de ladite dame Louise sont : un chevron rompu
avec trois croissans d'argent sur un champ d'azur;
disant en outre que ledit seigneur Bertrand est
descendu et procréé en loyal mariage du feu noble Claude du Breul et de dame Jeanne de Malins, et que ledit noble Claude du Breul est descendu de Philibert du Breul et de dame Péronne
de la Baulme, tous lesquels ledit sieur déposant sait
pour avoir ouï-dire qu'ils sont de races et maisons
nobles, ayant toujours noblement et vertueusement vécu, sans jamais avoir vu ni ouï-dire qu'aucuns des susdits desquels il dépose, aient commis
meurtre ni aucun autre crime qui puisse dégénérer,
ni qu'ils soient descendus ou extraits de races in-

fidèles, ni hérétiques; dit en outre avoir vu et connu ladite dame Jeanne de Malins, mère dudit Bertrand, laquelle portoit pour ses armoiries, un homme sauvage de sinople tenant une masse d'or entre les mains, contre un lion de gueules sur un champ d'argent, écartelées avec les armoiries de la maison du Breul, telles que cy-sus les a blasonnées, et avoir aussi vu ladite dame Claire de Grimaldi en son vivant, femme dudit seigneur Antoine, père et mère dudit Claude, ayant vu les armoiries de ladite dame Claire de Grimaldi, écarte-lées comme dessus, étant douze lozanges, moitié de gueules, moitié d'argent; et de toutes les choses susdites rend cause de science, pour avoir vu et connu en partie, puis l'avoir ouï-dire à ses an-cêtres, et que les susdites races et descendances ont été et sont de présent sensées et réputées telles; qu'est tout ce qu'il dit savoir sur le contenu desdits articles.

Sur les généraux a pertinemment répondu, ré-pété, a persévéré et a signé. (Signé à l'original) Copponay, de Laguille, et Bochard *Scribe.*

Noble Claude de Migieu, seigneur dudit lieu, gentilhomme de bouche de son altesse et de ses capitaines entretenus, et âgé d'environ septante-sept ans, témoin produit de la part dudit seigneur Claude du Breul, reçu, juré, ouï et examiné sur le contenu èz dits articles, lecture à lui faite d'iceux;

A dit et déposé connoître ledit noble Claude du Breul, gentilhomme de belle proportion et dextérité, tant pour la disposition de sa personne que du gentil esprit qui est en lui, et être icelui descendu de légitime et loyal mariage de noble seigneur Antoine du Breul, conseiller d'état, maître-d'hôtel et commissaire général des guerres pour son altesse de çà les monts, et de dame Claire de Grimaldi, du pays de Gênes, et que ledit seigneur Antoine du Breul était fils procréé en loyal mariage de feu Bertrand du Breul et de dame Louise du Chastelard en Bresse, et que ledit Bertrand est descendu en loyal et légitime mariage de feu Claude du Breul et de dame Jeanne de Malins de Lus, et ledit Claude, fils naturel et légitime de feu Philibert du Breul et de dame Péronne de la Baulme, maisons et races très-anciennes et nobles, ayant armoiries graves et authentiques ; savoir : lesdits Claude, Antoine, Bertrand, Claude et Philibert du Breul, deux aigles d'azur écartelées, couronnées et membrées d'argent en champ d'or, et trois barres de gueules, dessous les aigles deux griffons de gueules membrés de sable sur le même champ d'or ; et les armoiries de la susdite dame de Grimaldi être douze lozanges, moitié de gueules et moitié d'argent ; et celles de la susdite dame Louise du Chastelard, un chevron de sable crénelé et rompu avec trois croissans d'argent et champ d'azur ; et les armes de la susdite dame de Malins de Lus, un homme sauvage de sinople tenant une masse d'or entre les mains contre un lion de gueules ; et celles de la susdite dame Péronne de la Baulme, une barre d'or en champ d'azur ; lesquelles armoiries ledit déposant dit avoir vues et bien connoître et être telles que sus les a blasonnées ; et laquelle race du Breul et susdites dames alliées, il n'a jamais vu ni entendu aucun être descendu des infidèles, ni hérétiques, ni qu'ils aient perpétré aucuns meurtres et autres crimes qui puissent déroger et obscurcir leur noblesse, ainsi qu'ils ont toujours noblement et vertueusement vécu, ce qu'il dit savoir, rendant cause de science tant pour avoir vu, et connu que ouï-dire à ses ancêtres la vérité être telle, disant ne pouvoir dire autre, voyant quoi ne l'avons plus avant examiné.

Sur les généraux a pertinemment répondu, répété, a persévéré et a signé. (Ainsi signé à l'original), DE MIGIEU, DE LAGUILLE et BOCHARD *Scrice*.

Du huitième jour du mois de mai mil six cent.

Noble Pierre de Rovorel, seigneur de Montbuyron et Attignat, natif dudit Montbuyron, âgé d'environ trente-cinq ans, témoin produit de la part dudit sieur Claude du Breul, reçu, juré, ouï et examiné sur le contenu desdits articles mis au bas desdites lettres patentes par ledit sieur du Breul obtenues de son altesse, à lui lus et bien entendus;

A dit et déposé connoître de vue et fréquentation ledit sieur Claude du Breul, ainsi qu'il connoît messire Antoine du Breul, conseiller d'état, maître-d'hôtel et commissaire général pour son altesse deçà les monts, son père, lesquels sont issus de fort noble race comme a toujours entendu et notamment de son père; dit aussi avoir connu dame Louise du Chastelard, ayant maintefois été en sa maison, et qu'elle étoit fille issue de la maison de la Vernée, maison fort vieille, de laquelle néanmoins ne sauroit dire les armoiries pour n'y avoir fait considération, oresqu'il aie maintefois vu lesdites armes, et qu'elles soient peintes en la maison dudit témoin, et que s'ils étoient en Bresse, que l'on auroit beaucoup plus ample preuve de ladite maison de la Vernée, bien connue audit lieu de Bresse et autres pour noble et ancienne, ainsi que sus a déposé, disant ne savoir autre.

Sur les généraux interrogats a pertinemment répondu, répété, a persévéré et signé. (Signé à l'original) DE ROVOREL, DE LAGUILLE et BOCHARD *Scribe.*

(G.)

Le sieur Bouchu, chevalier, conseiller du roi en ses conseils, maître des requêtes ordinaires de son hôtel, intendant de justice, police et finances en Bourgogne et Bresse, commissaire de parti par sa majesté pour l'exécution des ordres dans lesdites provinces, et député par arrêts de son conseil des 6 août 1664, 22 octobre 1665, 22 mars 1666, et 5 mai 1667, pour juger définitivement les contestations sur les titres des nobles et usurpateurs, suivant les déclarations de sa majesté, des 22 avril et 22 juin 1664.

Vu par nous lesdites déclarations du roi et arrêts du conseil, notre ordonnance au bas de celui du 22 octobre 1665, datée du quinzième janvier 1666, l'exploit d'assignation donnée ensuite le dixième mai dernier à la requête de M°. Jean Trudel, commis par sa majesté pour la recherche des usurpateurs des titres de noblesse en Bourgogne et Bresse, à Bérard du Breul, S'. de Sacconnet, demeurant au Balemey, paroisse de Vieux en Bugey, à comparoir par-devant nous en notre hôtel, le 30 dudit mois, pour représenter les titres justificatifs de sa noblesse, et sur lesquels il prétend fonder la qualité d'écuyer pour lui, et de faire droit à la forme desdites déclarations, arrêts et ordonnance.

L'acte de comparution fait en notre greffe le 22 juillet, année présente 1669, par M°. Louis Gillet, procureur au parlement de Bourgogne, au nom comme ayant charge dudit sieur Bérard du Breul, par lequel il auroit déclaré qu'il est âgé de cinquante-trois ans, originaire du pays de Bugey, portant pour armes, écartelé au premier et quatrième d'or, au griffon d'azur et aux trois fasces d'or et de gueules de six pièces, à l'aigle d'azur le tour; qu'il est marié avec damoiselle *Émerantiane de Moyria*, de laquelle il a pour enfans *Antoine-Joseph-Louis Marin* et *Claude*, non mariés, ne reconnoissant personne de son nom et famille; qu'il entend soutenir la qualité d'écuyer à cause de son extraction noble, étant issu en ligne directe de noble Hugonin du Breul et de damoiselle Guiyonne de Chatelard, sa femme, qui eurent pour fils Philibert du Breul, marié avec damoiselle Anne de la Baulme, duquel mariage seroit issu Claude du Breul qui épousa damoiselle Jeanne de Mulins, et eurent pour fils Bertrand du Breul, duquel Bertrand et de damoiselle Louise de Chastelard, seroit issu Antoine du Breul, marié avec damoiselle Claire Grimaldi, duquel mariage seroit issu Claude du Breul, qui a eu pour femme Marie de Bordes, père et mère du produisant, tous lesquels ont toujours vécu noblement, sans mésaliance ni dérogation.

Pour preuve de quoi et des premier et deuxième degrés de la généalogie, ledit produisant nous a représenté la grosse en papier, écrite en latin, du testament de noble homme Philibert du Breul, fils de noble homme Hugonin du Breul, du 21 juillet, par lequel il nomme et institue pour son héritier Claude du Breul son fils; reçu, et signé Laurens, notaire.

Pour les trois et quatrième degrés, la grosse en parchemin du testament de Jeanne de Malins, veuve de feu noble et puissant seigneur Claude du Breul en son vivant, seigneur de Chenavel et de l'Isle, du 18 juin 1560, par lequel elle nomme pour son héritier universel, noble et puissant seigneur Antoine du Breul fils à feu noble et puissant seigneur Bertrand du Breul, son fils très-cher en son vivant, seigneur de la Bastie-sus-Cerdon, Chenavel et l'Isle; reçu et signé, Bourdin, notaire, demeurant à Cerdon.

Pour le cinquième degré la grosse en papier du testament de messire Antoine du Breul, seigneur et baron de l'Isle, la Bastie et autres, du 10 novembre 1606, par lequel il institue ses héritiers universels, nobles Claude et Bertrand du Breul ses fils; reçu et signé Pothus, notaire à Bourg.

Pour le sixième et dernier degré, la grosse en papier du testament de noble Claude du Breul de l'ordre de Saint-Maurice, par lequel il nomme et institue son héritier Bertrand du Breul, produisant, son fils, du quinzième janvier 1537; reçu et signé Pérod, notaire.

Sur la représentation desquelles pièces ledit produisant nous aura supplié le renvoyer de l'assignation à lui donnée et le maintenir en la qualité d'écuyer.

Ce qu'ayant été vu par ledit TRUDEL, il se seroit remis à nous d'y pourvoir tout considéré.

Nous intendant et commissaire susdit avons donné acte auxdites parties de leurs comparutions, dires, réquisitions et désistement dudit Trudel; et en conséquence, vu les conclusions du procureur du Roi, nous avons, suivant le pouvoir à nous donné par sa majesté, par arrêt de son conseil du cinquième mai 1667, renvoyé et renvoyons ledit sieur Berard du Breul de l'assignation à lui donnée par devant nous à la requête dudit Trudel; ordonnons qu'il jouira de tous les droits, honneurs, priviléges et immunités, attribués à l'ancienne noblesse de ce royaume, lui et sa postérité née et à naître en légitime mariage, tant et si longuement, qu'ils ne feront acte dérogeant, et qu'il sera inscrit au catalogue des gentilshommes de ce département, qui sera par nous envoyé au conseil.

Fait à Dijon, le treizième jour d'août 1669.

Signé BOUCHU.

Et plus bas, par monseigneur,
Signé COFFIN.

Certifié conforme aux actes authentiques et pièces officielles rapportés par Guichenon, et à celles qui existent dans les archives de la maison du Breul de Sacconney qui m'ont été communiqués.

Paris, ce 14 août 1828.

Le chevalier H. DARD,
Avocat.

FIN.

PARIS. — IMPRIMERIE DE FAIN,
Rue Racine, n. 4, place de l'Odéon.

9 782012 872820